LA GRATITUD ES

Espacio para Mensaje Personalizado

Dedicación

Para ti, bondadoso y valiente, por permitir que la belleza mágica y el glorioso resplandor de las flores te permita conectarte con tu maravilla, bienestar, y sabiduría. Agradezco tu disposición a expresar tu agradecimiento y compartir tu amor. Que vuelva a ti con una gracia cada vez mayor y bondad. Que la gratitud y las flores florezcan constantemente en tu vida.

La Gratitud Es: Un Poem de Empoderamiento

COLECCIÓN DE POESÍA I

Escrito por Macarena Luz Bianchi

Diseñado por Carolina Gabela

 Para recibir un libro electrónico gratis, contenido exclusivo, más maravillass, bienestar y sabiduría, suscríbetea el boletín *Lighthearted Living* en MacarenaLuzB.com y mira sus otros poemas, libros y proyectos.

ISBN: Tapa Dura: 978-1-954489-26-4 | Tapa Blanda: 978-1-954489-27-1| Libro Electrónico: 978-1-954489-28-8

Imprint

Spark Social, Inc. es una imprenta en Miami, FL, USA, SparkSocialPress.com

Información sobre pedidos: Hay licencias disponibles, libros personalizados y descuentos especiales en las compras de cantidades. Para más detalles, póngase en contacto con la editorial info@sparksocialpress.com.

Todos los derechos reservados. Ninguna parte de este libro puede ser reproducida de ninguna manera sin permiso escrito, excepto en el caso de breves citas incluidas en artículos críticos y reseñas. Para solicitar la autorización, póngase en contacto con el editor indicando: Permiso de reproducción de extractos.

Copyright © 2021 by MACARENA LUZ BIANCHI

LA GRATITUD ES

Un Poema de Empoderamiento

COLECCIÓN DE POESÍA I

Macarena Luz Bianchi

Imprint
Spark Social Press

La gratitud es...
apreciar personas, lugares y objetos, así como, ideas, sentimientos y virtudes.

Gratitud es agradecimiento,
y lo uso como una llave.

Una llave para inspirarte a ti y a mi.

Una llave que da libertad.

Una llave para curar el insulto y la herida.

La gratitud despierta la conciencia, cuando nos negamos a soñar.

Una llave para poder perdonar y sentirse en paz.

Una llave para manifestar deseos, lo que quiero y quien quiero ser.

Una llave para iluminar la oscuridad cuando no puedo ver.

La Gratitud expresa mis preferencias entre lo que yo amo y mi verdadero ser.

Una llave para sentir el momento presente en paz.

Una llave para reconectar con mi humildad.

Una llave para oportunidades sin fronteras cuando siento limitaciones.

La gratitud abre la puerta a la trascendencia, la imaginación e inspiración.

Una llave para transformar el momento más duro en un viaje glorioso.

Una llave para el único sistema infalible de amor en la galaxia.

Una llave para acceder a posibilidades infinitas.

Cuando comparto mi gratitud,
la gratitud enriquece a todos.

La gratitud es... realmente el portal.

El poder de la decisión es la verdadera llave.

Cuando tengas dudas, gratitud es...
la mejor opción para tí y para mí.

Y la mejor parte de la gratitud es...
que no cuesta nada.

(versión original)

GRATITUDE IS
A POEM OF EMPOWERMENT

Gratitude is... appreciation for people, places, and things, as well as, for ideas, qualities, and feelings.

Gratitude is thankfulness, and I use it as a key.

- A key to inspire strangers, my friends, and me.
- A key to life that sets me free.
- A key to heal insult and injury.

Gratitude unlocks awareness when I refuse to dream.

- A key to finding forgiveness and feeling peace.
- A key to manifest my desires, what I wish and whom I want to be.
- A key to light the dark times when I can't see.

Gratitude expresses my preferences, what I love, the real me.

- A key to feeling the present moment, gently.
- A key to reconnect me to humility.
- A key to boundless opportunity when I get caught in my limited certainty.

Gratitude unlocks transcendence, imagination, and epiphany.

- A key to turn the hardest moment into a glorious journey.
- A key to the only foolproof-system of love in the galaxy.
- A key to access infinite possibilities.

When I share my gratitude, gratitude enriches you and me.

Gratitude is...actually the doorway.

CHOICE is the real key,

So when in doubt, Gratitude is... the best choice for you and me.

And, the best part about gratitude is... that gratitude is always, absolutely, free!

LA GRATITUD ES
UN POEMA DE EMPODERAMIENTO

Gratitud es... apreciar personas, lugares y objetos, así como, ideas, sentimientos y virtudes.

Gratitud es agradecimiento, y lo uso como una llave.
- Una llave para inspirarte a ti y a mi.
- Una llave que da libertad.
- Una llave para curar el insulto y la herida.

La gratitud despierta la conciencia, cuando nos negamos a soñar.
- Una llave para poder perdonar y sentirse en paz.
- Una llave para manifestar deseos, lo que quiero y quien quiero ser.
- Una llave para iluminar la oscuridad cuando no puedo ver.

La Gratitud expresa mis preferencias entre lo que yo amo y mi verdadero ser.
- Una llave para sentir el momento presente en paz.
- Una llave para reconectar con mi humildad.
- Una llave para oportunidades sin fronteras cuando siento limitaciones.

La gratitud abre la puerta a la trascendencia, la imaginación e inspiración.
- Una llave para transformar el momento más duro en un viaje glorioso.
- Una llave para el único sistema infalible de amor en la galaxia.
- Una llave para acceder a posibilidades infinitas.

Cuando comparto mi gratitud, la gratitud enriquece a todos.

La gratitud es... realmente el portal.

El poder de la decisión es la verdadera llave.

Cuando tengas dudas, gratitud es... la mejor opción para tí y para mí.

Y la mejor parte de la gratitud es... que no cuesta nada.

Toma el Flower Quiz

Puedes nombrar cada flor en el poema?
Revisa tu conocimiento de flores en MacarenaLuzB.com

Sobre Gratitud

En mis clases y en mi consulta privada, ayudo a mis clientes a acceder a su gloria a través del asombro, el bienestar y la sabiduría. La gratitud es una herramienta única y poderosa que reúne las tres cosas: asombro, bienestar y sabiduría. Me encanta que la mentalidad desenfadada y poderosa de la gratitud sea accesible para todos. Es uno de mis apoyos favoritos para vivir con ligereza, el camino para alcanzar tu potencial más próspero y todo lo que deseas en la vida.

Las flores capturan la esencia del sentimiento de gratitud. Te invito a que las aprecies más por su mágico y glorioso resplandor que puede conectarte con la maravilla, el bienestar y la sabiduría.

Para apoyarte en tu viaje de gratitud, explora mis otros artículos temáticos de gratitud en MacarenaLuzB.com.

¡Gracias!

Inspirate & Mantente Conectado

Para recibir un libro electrónico gratis, contenido exclusivo, más maravillas, bienestar y sabiduría, suscríbete al boletín *Lighthearted Living* en MacarenaLuzB.com y mira sus otros poemas, libros y proyectos. ✨

Se Agradece sus Comentarios

Si te gusta este libro, revísalo para ayudar a otros a descubrirlo. Si tienes algún otro comentario, dejanos saber en info@macarenaluzb.com o en la página de contacto en MacarenaLuzB.com. Nos encantaría saber de ti y saber qué temas deseas en los próximos libros. 🌷

Sobre la Autora

Macarena Luz Bianchi

Macarena Luz Bianchi tiene un enfoque alegre y empoderador y sus lectores la consideran cariñosamente como Hada Madrina. Más allá de su colección de libros de regalo y poemas, también escribe guiones, ficción y no ficción para adultos y niños. Le encanta el té, las flores y los viajes.

Suscríbete a su boletín *Lighthearted Living* para obtener un libro electrónico gratuito y contenido exclusivo en MacarenaLuzB.com y sígala en las redes sociales. 💕

Libros de Regalo
COLECCIÓN DE POESÍA I

- *Asombrosa Mamá: Un Poema de Agradecimiento*
- *Enhorabuena: Un Poema de Triunfo*
- *Feliz Aniversario: Un Poema de Afecto*
- *Feliz Cumpleaños: Un Poema de Celebración*
- *Intimidad: Un Poema de Adoración*
- *La Amistad: Un Poema de Apreciación*
- *La Gratitud Es: Un Poema de Empoderamiento*
- *Las Jirafas Agradecidas: ¿Qué es la Gratitud?*
- *Simpatía: Un Poema de Consuelo*
- *Valentín: Un Poema de Amor*

También disponibles para niños y en Ingles:
Gift Book Series.

Agradecimientos

Gracias por leer mi poema, Gratitude Is. Que el mensaje de empoderamiento, las palabras alegres y las ilustraciones de flores te enriquezcan.

Agradezco a las siguientes personas:

- Mi querido esposo por su amor y apoyo.
- Jordan, Martin, Jonathan e Isabella por su inspiración.
- Paz Fernandez por su hermandad y apoyo.
- JJ Flizanes por ser mi compañero de juegos de agradecimiento original.
- Jaime Cardona por su sabiduría lírica.
- Robin Blakely por su orientación y tutoría profesional.
- Jaime De Los Reyes por su estilo, apoyo estético y sensibilidades.
- Carolina Gabela por su apoyo constante y buen gusto.

Para terminar, aprecio mi relación con gratitud y la satisfacción que crea. 🌷

www.ingramcontent.com/pod-product-compliance
Lightning Source LLC
Chambersburg PA
CBHW061108070526
44579CB00011B/176